Couverture inférieure manquante

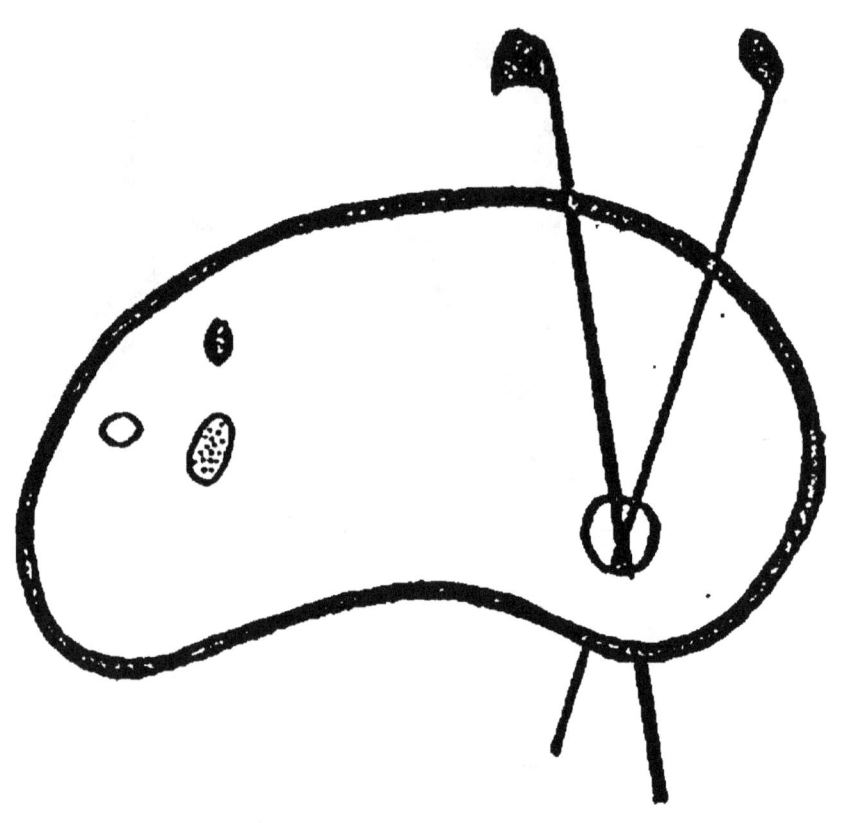

DEBUT D'UNE SERIE DE DOCUMENTS
EN COULEUR

# NOTRE-DAME DU ROCHER

# COUP-D'ŒIL

sur

## L'ŒUVRE PROJETÉE PAR M. LE C<sup>te</sup> DE BONNEVAL

EN FAVEUR DE LA COMMUNE DE LA TRESNE

(GIRONDE)

Le vrai peut quelquefois n'être pas vraisemblable.

BORDEAUX
TYPOGRAPHIE V<sup>e</sup> JUSTIN DUPUY & COMP.,
Rue Gouvion, 20

1865

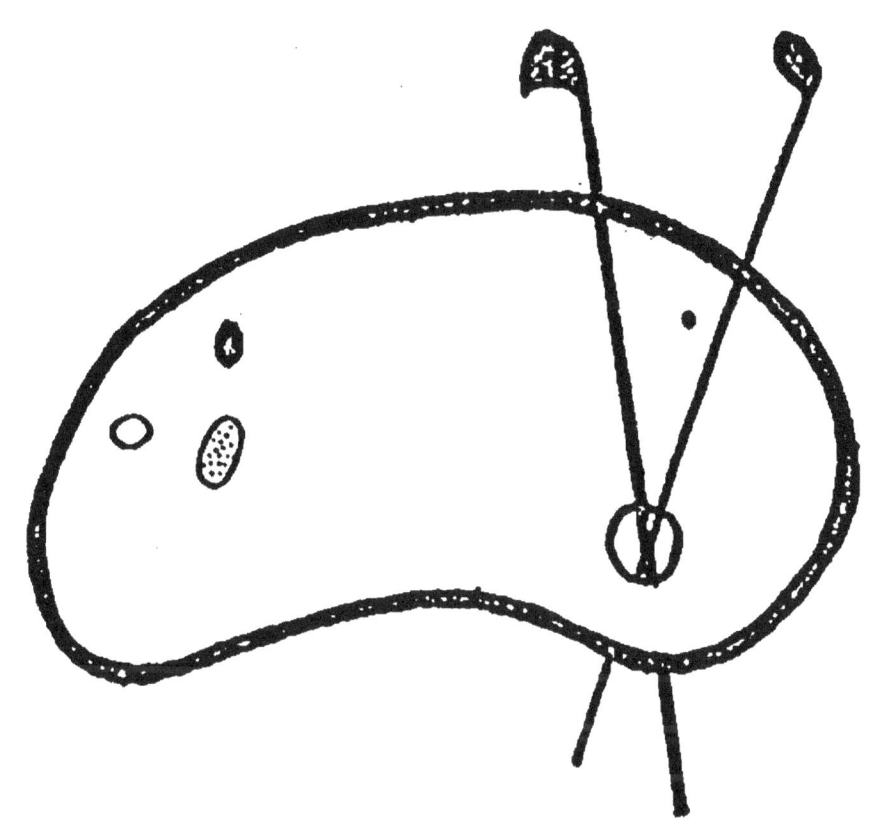

FIN D'UNE SERIE DE DOCUMENTS
EN COULEUR

*Le vrai peut quelquefois n'être pas vraisemblable.*

On a fait voyager de si étranges et de si incroyables idées ; — il existe tant de préventions ; — on tombe dans de telles méprises, à l'endroit de Notre-Dame-du-Rocher, que l'on est tenté d'en appeler ou de l'intelligence à la bonne foi, ou de la bonne foi à l'intelligence.

Quelques mots, et à vol d'oiseau.

Dans une brochure publiée le *20 mai dernier*, je disais :
« Si mon offrande ne rencontre pas un écho *sympathique* et
» *franchement avoué* par les nouveaux mandataires dont la
» commune va bientôt faire choix, cette œuvre ne laissera pas
» que de produire ses fruits, en recevant IMMÉDIATEMENT et
» *pour toujours* une autre destination. »

Ma pensée était clairement et nettement exprimée, mon engagement public, c'était un devoir d'honneur pour moi de le tenir.

Je m'explique difficilement qu'on l'ait appelé « une circonstance *imprévue*. » Imprévue !!... quand cela a été *imprimé quatre mois à l'avance !*

Je ne dissimulerai donc pas que j'éprouve une certaine confusion à revenir sur l'évidence de mes bonnes dispositions en faveur de la commune de La Tresne.

Que quelques esprits illusionnés tentent de me reprocher de n'avoir pas encore usé d'assez de patience !! Mais, grand Dieu ! où en trouver une plus robuste, plus violentée, plus résistante ! et cela pendant onze années !

Il leur en coûterait moins de le reconnaître que de l'*imiter !*

Je n'accepte pas davantage l'aumône d'une parole dite :
« *Ce qu'on a fait on avait le droit de le faire.* »

Quelqu'un en aurait-il douté ? — et de plus, les bonnes intentions évidentes sauvent-elles, suffisamment, l'inopportunité d'un tel langage ?

Qu'il y ait des regrets, ils étaient prévus et je les comprends ; — mais ne considérant pas les détails, ne voyant que l'ensemble et songeant à ma parole donnée : ce que j'ai fait, je le ferais encore.

J'avais toujours voulu établir une œuvre purement communale, et directement utile et consacrée à la commune de La Tresne ; ne le pouvant pas, et ne voulant, à aucun prix, qu'on eût même la crainte d'un bienfait *imposé*, je me suis hâté d'appeler un ordre religieux à la garde du sanctuaire tant de fois refusé par les conseillers municipaux, et qui demeurera ouvert à toutes les bonnes volontés.

Si la commune n'en tire pas un profit direct et personnel, elle en retirera de nombreux et indirects avantages, moralement et matériellement.

L'avenir, avant peu, le lui prouvera.

Si cependant, elle a, désormais, des impôts plus lourds à payer, — chose que j'avais parfaitement prévue et annoncée, — elle reconnaîtra, en se souvenant de onze années de lutte, qu'il n'a pas dépendu de moi de les lui épargner.

Quant à bâtir une nouvelle église, ou à autoriser la réparation de l'ancienne, ou comme église ou comme chapelle, je n'ai pas de vœux à former.

Cela dépend de Son Eminence. Qu'Elle s'en rapporte enfin à son initiative personnelle ; nous cesserons alors de flotter dans les incertitudes qui nous ont si longtemps déconcertés.

Toujours sera-t-il que la venue des Pères rend à Monseigneur sa liberté, le relève de ses engagements antérieurs et lui assure une collaboration constante et dévouée pour le bien des âmes.

Du reste, on aurait tort de supposer que j'épouse un parti quelconque; ma décision n'a point pour but de diviser, elle n'a en vue que l'union et la paix. Je ne demande, pour ceux à qui je confie mon œuvre, qu'une seule chose : la pleine liberté de faire du bien à tous.

Voyons la main de la Providence dans ce qui s'est passé; sans cette considération les faits seraient inexplicables.

—

A la dernière heure, on porte à ma connaissance les arrangements pris avec l'autorité ecclésiastique. Ils ont mon adhésion entière.

En admettant, maintenant et toujours, les habitants de La Tresne à toutes les cérémonies qui se feront dans la chapelle de Notre-Dame-du-Rocher; — en consentant *pour une année,* et en attendant que l'église soit mise en état, à autoriser chez eux la célébration de la grand'messe et des vêpres par le curé de la paroisse; — en cédant provisoirement une partie de leur sacristie pour un mobilier qui ne leur appartient pas, et en ne se servant personnellement que de celui qui est à eux..... les Pères font bien voir qu'ils tiennent également à entrer dans les vues de Son Eminence et à se rendre utiles aux paroissiens de La Tresne. Je les en remercie doublement, et je fais des vœux pour que leur indépendance, si nettement établie dans ces arrangements, soit toujours la récompense de leurs concessions si désintéressées.

La voilà donc enfin terminée cette si longue affaire; elle a longtemps tourmenté mon dévouement. Elle m'a causé de bien durs ennuis, de bien fatigantes préoccupations. Notre-Dame-du-Rocher est uniquement l'œuvre du travail, du sacrifice et du dévouement; par de secrets desseins de la Providence, elle abritera désormais et le travail, et le sacrifice, et la science, et l'abnégation, et le dévouement.

Je ne saurais abandonner la plume sans remercier Son Eminence de ses si bonnes et si paternelles dispositions; le conseil archiépiscopal qui s'y est associé; M. le comte de Bouville qui m'a prêté son bienveillant appui par l'entremise intelligente de M. Caffin; M. Girard, que nous sommes heureux de voir à la tête de la commune; les Révérends Pères Jésuites, — je nommerai le T. R. P. Rouqueyrol, le P. Tourel, le P. Roux et sa vertueuse colonie de Tivoli, — de la bonne grâce parfaite avec laquelle ils se sont prêtés à se faire les pacificateurs de la commune, en cédant tout ce qui, ne blessant pas leurs règles, pouvait être un avantage ou une faveur.

Leur venue parmi nous ne peut être que saluée par le cœur et par la reconnaissance.

Je n'ai jamais oublié que les RR. Pères ont été mes premiers maîtres; ils voudront bien ne pas oublier leur ancien élève.

La Tresne, le 30 novembre 1868.

# NOTRE-DAME DU ROCHER.

## COUP-D'OEIL

SUR

## L'ŒUVRE PROJETÉE PAR M. le C<sup>te</sup> DE BONNEVAL

EN FAVEUR DE LA COMMUNE DE LA TRESNE (GIRONDE.)

L'étrange dénouement de la question si longtemps et si vivement agitée au sujet de Notre-Dame-du-Rocher, offre trop ample matière aux réflexions, pour qu'il doive passer inaperçu. Sans doute, ce qui ressemblerait à une expression de plainte, se trouve maintenant hors de saison; et, d'ailleurs, il n'entre pas plus dans mes goûts que dans mon caractère, de vouloir récriminer devant des faits accomplis; mais, si l'on a soin de se renfermer dans les limites d'une sage réserve, pourquoi s'interdire un regard rétrospectif sur l'origine de l'œuvre que j'avais essayé de fonder, sur ses développements ainsi que sur les proportions ultérieures qu'elle était appelée à recevoir, et enfin, sur les diverses phases qu'elle a parcourues, avant de subir son dernier échec? Ce simple retour sur le passé ne sera pas sans intérêt, et il en ressortira une fois de plus la preuve, qu'il n'est pas toujours aussi aisé et aussi agréable de faire le bien, qu'on se l'imagine communément.

L'église paroissiale de La Tresne se trouvant sur la limite de cette commune, son accès paraissait se montrer de plus en plus hors de portée pour certains quartiers très populeux. Afin d'abréger les distances et de faciliter ainsi la pratique du culte, il vint à la pensée de quelques paroissiens, de prendre à *bail* une salle de danse, située au lieu du Castera, et de la convertir en oratoire. Une innovation de cette nature avait de quoi exciter la surprise; cependant, elle s'accomplit sans amener aucune réclamation. L'autorité ecclésiastique daigna, elle-même, l'encourager, en permettant de célébrer, dans ce local, une messe les jours de dimanches et de fêtes.

Cette initiative, à laquelle, pour ma part, je demeurai étranger, était assurément fort louable dans son but; mais l'oratoire improvisé conservait toujours la physionomie de sa destination première, et l'on n'y remarquait pour tout ameublement qu'un pauvre autel d'emprunt; ce qui, sans faire obstacle au concours des fidèles, ne laissait pas que de former un contraste peu gracieux avec l'importance de la paroisse.

Dans cet état de choses, il me parut qu'on ne pourrait qu'applaudir si le local provisoire, où se célébrait le service divin, venait à être remplacé par une chapelle décente, et qui appartiendrait en propre aux paroissiens.

Déjà, j'avais résolu de donner à la paroisse de La Tresne un témoignage des sentiments que ma famille et moi lui avions voué, et, dès 1848, les mesures étaient prises pour qu'un jour, elle se trouvât dotée d'un établissement de bienfaisance, qui répondît à tous les besoins de la localité.

Ainsi qu'il est facile de le concevoir, l'œuvre que j'avais projetée devait se compléter par le service d'une chapelle; je dirigeai donc plus spécialement mes soins de ce côté, afin de hâter le moment où cette chapelle pourrait être ouverte aux habitants.

Par une coïncidence fort heureuse, il s'était rencontré en face de l'oratoire en *location*, un emplacement disponible qui, par ses diverses convenances, semblait se recommander à mon choix. Sans m'arrêter aux frais qu'entraînerait son *appropriation*, je voulus en devenir le possesseur, et c'est sur ce site que la nouvelle chapelle devait s'élever et former le point central de mon établissement.

La chapelle ne tarda pas à franchir les modestes limites qui lui avaient été d'abord assignées, et elle prit la forme d'une belle et vaste église. Je consentis à cette transformation, toute dispendieuse qu'elle allait devenir, par déférence pour une volonté qui, accoutumée de voir les choses de haut, semblait y rattacher les plus grands avantages pour la paroisse.

Ainsi, ce qui, dans mes prévisions, n'aurait dû être qu'un complément, se trouva devenir la partie la plus monumentale de l'œuvre.

Cependant, les autres constructions ne laissaient pas que d'être l'objet de mes soins les plus actifs, et, dans le courant de 1854, j'eus la satisfaction de mettre la dernière main aux bâtiments destinés aux écoles des filles et aux religieuses qui se trouveraient chargées de leur direction.

Ces bâtiments ne tardèrent pas à recevoir un assortiment convenable de meubles, à l'usage des sœurs, et le matériel nécessaire pour l'installation des classes.

Tout ayant été ainsi disposé, une petite colonie de sœurs de la Charité vint se consacrer au service des habitants de La Tresne. Je me chargeai de pourvoir aux frais de leur entretien, jusqu'au jour, où mon établissement changerait de maître, et passerait aux mains de la commune.

On n'a pas encore oublié avec quel sentiment de joie la population salua l'arrivée des dignes filles de Saint-Vincent-de-Paul. Chaque famille se montra jalouse de leur donner des témoignages de sa sympathie comme de sa confiance, et bientôt l'on vit nos petites filles accourir en foule à leur école. Seule, l'institutrice laïque aurait pu avoir des motifs de s'attrister, mais bien qu'en cette occasion, la concurrence fût très légitime, je voulus ménager les positions acquises, et j'offris à cette institutrice le dédommagement qu'elle avait désiré.

Vers le même temps, une partie considérable de la nouvelle église (la nef), fut conduite à son terme, et un autel y ayant été aussitôt dressé, elle remplaça le local provisoire, où l'on avait jusqu'alors célébré la messe. Ce fut aussi vers cette époque, que commencèrent à se manifester quelques symptômes d'opposition. On faisait pressentir l'éventualité d'une désertion plus ou moins croissante, qui menaçait la vieille église, et les conséquences qui en rejailliraient sur les habitations environnantes.

Ces sourdes rumeurs me causèrent une pénible surprise. Mais que faire? Je le demande à tout homme de sens : devais-je, pouvais-je, en considération de quelques froissements individuels, délaisser, aux trois quarts de son chemin, une œuvre considérable, et dont la presque totalité de la population était appelée à profiter?

Les travaux ne furent donc pas interrompus. La sacristie et ses nombreuses dépendances, le transept, le chœur, s'élevèrent successivement, et leurs grandioses proportions se montrèrent à l'unisson de celles de la nef. Un autel, non moins riche par le travail que par la matière, fut placé au sanctuaire avec treize belles statues en marbre de Carrare, et alors l'église se trouva achevée.

Mon œuvre avait donc marché, et, cependant, elle était loin de se trouver complète à mes yeux. Sans doute, ce n'avait pas été un médiocre labeur, que d'être parvenu à construire, sur une aussi grande échelle, une église et une maison d'école ; mais l'œuvre avait été conçue, dès le premier moment, sur des bases encore plus larges, et, comme je l'ai déjà dit, elle devait être surtout un établissement de charité, correspondant aux divers besoins locaux.

Je me fis un devoir de poursuivre la réalisation complète du programme que je m'étais tracé.

Puisqu'il s'agissait d'une fondation à créer en faveur de l'indigence, de nouveaux bâtiments devenaient indispensables, et déjà, j'étais impatient de pouvoir y recueillir nos orphelins, nos infirmes et surtout nos vieux invalides. Je me livrai donc sans retard aux soins que réclamait leur construction.

Toutefois, ce n'est pas tout que de bâtir un hospice, il faut encore le doter. Je n'eusse pas eu, il est vrai, ce mérite à l'égard de celui que j'allais édifier; mais la Providence semblait l'avoir pris, elle-même, sous sa tutelle, et sourire ainsi à mes bonnes intentions; car, les travaux se trouvaient à peine ouverts, lorsque deux personnes charitables me demandèrent de les associer à cette partie de mon œuvre, et d'y concourir pour une somme de cent six mille francs.

La rente provenant du placement de ce capital n'eût pas été le seul fonds destiné à l'entretien de l'hospice. Les hommes de l'art, chargés de la direction des travaux, m'avaient donné l'assurance, qu'en coordonnant ensemble toutes les constructions, il serait aisé de réserver un local spacieux et commode pour un pensionnat de jeunes personnes. Un tel établissement, aux portes de la ville et dans un site admirable, n'eût pu que prospérer, sous la main des filles de Saint-Vincent-de-Paul, et, en même temps qu'il aurait profité à toute la contrée, l'hospice y aurait aussi puisé de précieuses ressources. Plusieurs œuvres réunies dans un même monument se prêtent un mutuel et économique appui.

Voilà, en substance, ce que devait être, et ce qu'aurait été cette œuvre. Le ciel m'est témoin qu'elle n'a pas eu d'autre mobile que mon dévouement à la commune. Peut-être, aurait-elle pu s'étendre davantage, et ne pas obtenir moins que le titre d'Hospice cantonal ; des ouvertures m'avaient été faites à ce sujet ; il y avait même promesse de sommes très considérables ; mais, dès le premier jour, j'avais imprimé à cette œuvre le sceau paroissial, et ce n'est pas moi qui aurais voulu le lui enlever.

Cependant, l'opposition, dont j'ai parlé plus haut, ne perdait pas son temps. On la voyait s'agiter et croître en hardiesse, en proportion des progrès qui se faisaient remarquer dans mon œuvre. Et ce qu'il y eût de plus singulier, c'est qu'après quelques tergiversations, nos édiles voulurent figurer au nombre de ses adhérents. Au lieu d'éclairer les esprits et de faire comprendre que, si le bourg de La Tresne se trouve réduit à une sorte d'isolement, cette circonstance ne devait pas être mise au compte de Notre-Dame-du-Rocher, et qu'elle remontait à la création de la route de Bordeaux à Saint-Macaire ; que, depuis cette époque, tout le mouvement vital de la paroisse s'était dirigé vers la section du Castera ; que l'installation d'un oratoire dans la salle de danse avait été motivée par les rapports nouveaux qui s'établissaient entre les divers quartiers de la commune, etc. Au lieu, dis-je, de ce rôle tout pacifique et qui sied toujours si bien à une administration municipale, nos magistrats se montrèrent les plus animés, et, dans l'impuissance où ils étaient d'entraver mes constructions, ils se promirent d'en neutraliser au moins la destination.

Les effets de ces dispositions hostiles ne tardèrent pas à se produire, et on les fit retomber sur les bonnes Sœurs. On s'appliqua à leur enlever insensiblement les sympathies de la population, et à paralyser tous les élans de leur zèle. Les familles qui envoyaient des enfants à leur école, furent mal notées auprès du Bureau de Bienfaisance.

Les choses en étaient à ce point, lorsque, en 1859, M. le Préfet voulut bien se rendre l'organe de mes volontés, et notifier à la commune la cession que j'étais décidé à lui faire du plateau de Notre-Dame-du-Rocher, de l'église et généralement de tous les bâtiments qui en formaient les dépendances.

Cette offre représentait, d'une part, une somme de plus de quatre cent mille francs que j'avais moi-même dépensée en achats, en appropriation du terrain, ou en constructions, et de l'autre, celle de cent six mille francs promise pour la dotation de l'établissement de charité. Ensemble..... cinq cent six mille francs. Il y avait-là, ce semble, de quoi faire impression sur les cœurs les plus indifférents; cependant, la proposition ne put trouver grâce auprès des dépositaires des intérêts de la commune. *Elle fut refusée.*

Certains motifs furent allégués à l'appui de ce refus; comme ils se trouvent consignés au registre municipal, chacun peut en apprécier la valeur; mais, ce qui est positif, c'est qu'ils reposent sur des bases fausses et erronées.

On ne se donnait pas la peine de dissimuler que l'esprit de parti n'eût suggéré un acte aussi exorbitant. Toutefois, il n'était pas impossible que le temps et la réflexion n'en montrassent à nu les graves conséquences, et que ce premier vote ne subît quelques modifications. Ces considérations déterminèrent Son Eminence le Cardinal-Archevêque à se mettre, elle-même, en rapport direct avec l'administration municipale, et à provoquer un nouvel examen des propositions qui lui avaient été soumises par M. le Préfet.

Cette démarche de l'éminent prélat, et les avis pleins de sagesse dont elle était accompagnée, n'eurent pas plus de succès. L'administration municipale répondit encore par un refus.

Une persistance aussi inattendue pouvait presque paraître inexplicable à tous ceux qui l'auraient envisagée de sangfroid. Les notables, appartenant aux différents quartiers de la commune, la jugèrent compromettante pour les intérêts communaux, et ils en firent l'objet d'une protestation auprès de M. le Préfet.

Le premier magistrat ordonna que l'affaire fût encore mise en délibération ; mais sa voix ne fut pas mieux écoutée qu'elle ne l'avait déjà été une première fois, et, sans égard pour ses bienveillantes dispositions envers la paroisse, l'administration municipale réitéra l'expression de son refus.

Cette troisième manifestation semblait ne laisser aucun espoir, et cependant elle ne devait pas être la dernière. M<sup>gr</sup> l'Archevêque, dont le zèle ne sait ni se rebuter, ni se décourager devant les résistances, revint encore à la charge. Son Éminence fit observer que l'état de dégradation de l'ancienne église s'aggravant tous les jours, il devenait urgent d'y aviser, et que, dans l'intérêt de la sécurité publique comme pour la décence du culte, elle se trouverait obligée de transférer le service paroissial à Notre-Dame-du-Rocher.

Ces remontrances paternelles n'amenèrent d'autre résultat qu'un quatrième refus ; mais cette fois on y mit moins de formes ; on ne prit pas la peine de répondre.

Il s'écoula plusieurs années durant cet échange de négociations. L'administration municipale maintenait résolument la lutte, et se montrait fière de tenir, en quelque sorte, en échec nos autorités supérieures. Quant à moi, j'avais pris le parti de me mettre à l'écart. Les deux ecclésiastiques qui se succédèrent alors dans le service de la paroisse, crurent devoir s'imposer, par prudence, une semblable ligne de conduite ; mais, ni leur mérite personnel, ni la réserve dont ils s'entourèrent, ne les garantissaient point d'une foule de difficultés, et pour rendre mon récit complet, j'ajouterai que ce fut sans regret, qu'ils se virent appelés à occuper d'autres postes.

Le Conseil de fabrique s'était inspiré jusque-là de l'esprit de MM. les curés, et bien que personne ne mit en doute ses dispositions réelles et ses vœux, il semblait s'être réduit à un rôle purement passif. Il avait, du reste, toujours perçu, et il administrait en toute liberté, les revenus provenant de l'église de Notre-Dame-du-Rocher. On lui fit entendre qu'il ne profitait pas de tous ses avantages, et qu'aux termes des décrets et règlements, il pourrait être admis à recevoir, à titre de donation, la libéralité qui était refusée par l'administration municipale; qu'à la vérité, celle-ci se trouverait encore appelée à en délibérer; mais qu'en ce cas, son intervention se bornerait simplement à émettre un avis favorable ou défavorable, et que le Conseil d'Etat saurait, au besoin, en faire bonne justice.

La Fabrique se livra, en effet, à l'examen des motifs qui avaient servi à colorer les refus de l'administration municipale, et elle eut bientôt la conviction qu'ils étaient tous sans portée aucune et sans valeur. Elle n'hésita donc pas à prendre une délibération tendant à l'acceptation de l'église et de ses dépendances particulières.

Je n'avais pas d'objection à faire à ce que la Fabrique fût substituée à l'administration municipale, en ce qui concernait la propriété de l'église, puisque, dans une hypothèse comme dans l'autre, les paroissiens auraient recueilli les bénéfices de la fondation.

Pourquoi faut-il que cette délibération, qui pouvait mettre fin à tous les débats, soit demeurée à l'état de lettre-close, et qu'elle n'ait servi qu'à grossir le dépôt des archives paroissiales? Aurait-on été effrayé des formalités qui étaient à remplir? Oh! je le sais, la poursuite des affaires auprès de l'autorité supérieure n'est pas, de sa nature, fort attrayante; il lui faut tout un cortége de volumineux documents; mais on peut le dire aussi : la tâche avait été considérablement allégée pour la Fabrique, par un admirable mémoire, et une dose de l'activité la plus vulgaire y aurait suffi.

Cependant, M. de Mentque ayant été appelé à occuper un siége au Sénat, son digne successeur, M. le comte de Bouville, a voulu témoigner aussi qu'il portait un intérêt tout spécial à la commune de La Tresne ; ses premiers soins ont eu pour objet d'y pacifier les esprits. Pensant, avec raison, que le moyen le plus sûr d'atteindre un pareil but, consiste à obtenir le concours franc et loyal de ceux qui sont investis de l'autorité, il s'est adressé à nos édiles. Il est présumable que, dans les fréquents entretiens dont ils ont été honorés, ceux-ci ont paru pénétrés des mêmes vues conciliatrices que M. le préfet, puisque nous les voyons provoquer une réunion extraordinaire du Conseil municipal et des plus forts imposés, pour y traiter, de nouveau, l'affaire de Notre-Dame-du-Rocher.

Cette réunion générale fut tenue, en effet, le 19 février dernier. Une circonstance contribua à la rendre plus importante. M. Caflin, conseiller de préfecture, daigna y assister de sa personne, afin d'y faire entendre, au nom de M. le Préfet, des paroles de conciliation. Mais, si l'on avait compté sur un retour à des idées plus calmes, cet espoir dut être grandement déçu. L'antagonisme soulevé depuis longtemps entre les membres du Conseil municipal et les principaux contribuables, se dessina, dans cette séance, avec une vivacité toute nouvelle, et c'est tout dire, si je rappelle que le nombre des votes fut égal de part et d'autre. Toutefois, grâce à la voix prépondérante du maire, M. Boyssac, la balance pencha du côté des plus forts imposés.

La question aurait pu paraître résolue, dès-lors qu'il y avait eu une majorité; mais, comme toujours, il restait à faire la part de l'imprévu, et, cette fois, l'imprévu devait dépasser tout ce qu'il est possible d'imaginer. Ce serait le cas de répéter avec M^me de Sévigné : Devinez.... Je vous le donne en cent.....

Trois jours ne s'étaient pas écoulés, que M. Beyssac avait informé M. le Préfet, que son vote du 19 février devait être considéré comme non avenu....

Y avait-il eu surprise, captation ou violence? Nul ne l'a su, ni ne le sait encore.

Cette démarche fut tenue assez longtemps secrète, sans doute par ménagement pour son auteur.

Ce serait une étude quelque peu curieuse, que de rechercher ce qui a pu déterminer un si prompt et si complet revirement dans la conscience de M. Beyssac. Aurait-il cru que les membres du Conseil municipal voyaient plus clair dans les affaires de la commune que les principaux contribuables? Il est vrai, les Conseillers municipaux sont le fruit de l'élection; mais, tout en s'inclinant devant le principe du suffrage universel, on n'en répète pas moins, chaque jour, que l'application de ce principe peut quelquefois n'être ni très heureuse, ni très intelligente. Et, par le fait, M. Beyssac a-t-il pu se rendre le témoignage que, pendant le cours des dix dernières années, son Conseil ait été constamment à l'abri de préjugés et de passions mesquines, ou qu'il n'ait jamais adopté aucune résolution de parti pris, et sans en avoir pesé toutes les conséquences ? A-t-il eu l'intime conviction que ce Conseil avait plus de lumières, et se trouvait doué d'un sens plus droit que toutes nos autorités religieuses et civiles, ou qu'en acquittant quatre cent quatre-vingt-onze francs, sur un chiffre de vingt-un mille deux cent quarante-trois francs porté au rôle de nos contributions, il avait plus d'intérêt à la bonne gestion de tout ce qui concerne la commune, que les contribuables eux-mêmes, sur qui retombe la presque totalité des charges?

Que M. Beyssac ne s'étonne pas de ces réflexions. Je ne suis ici que l'écho d'un sentiment général; plus tard, nos concitoyens porteront un jugement encore plus sévère sur cet acte de sa vie publique, parmi nous. On se souviendra toujours que c'est pendant l'exercice de son mandat de tutelle, qu'un établissement avait été destiné à satisfaire aux besoins les plus sacrés de la paroisse de La Tresne; qu'il lui suffisait de tendre la main, pour que les portes pussent s'en ouvrir, *et qu'il ne l'a pas voulu.....*

Une défection si inattendue, amena naturellement la retraite de M. Beyssac; mais combien la position faite à un successeur se présentait hérissée de difficultés? Cependant, un paroissien généreux, M. Girard, a consenti à se dévouer, et tout fait espérer que son caractère conciliant et ferme et les sympathies dont il est entouré, le maintiendront à la hauteur de sa mission.

Je devais, plus que tout autre, un témoignage d'estime et de confiance à notre nouveau magistrat. Cette considération me porta à ajourner toute mesure définitive concernant Notre-Dame-du-Rocher, jusqu'à l'époque du renouvellement des élections municipales. Je fis connaître mes intentions à ce sujet, par une lettre adressée à M. Girard, laquelle a eu assez de retentissement dans la commune. (1)

Le nouveau Conseil s'était à peine constitué, lorsqu'il reçut la notification d'une lettre, en date du 10 septembre, écrite par moi à M. le maire, et contenant l'assurance que je persistais dans la volonté de transmettre à la commune l'éta-

(1) Voir ma lettre du 29 mai 1855, à M. le maire de La Tresne, en brochure.

blissement qui avait été fondé pour elle. Comme cette affaire avait été assez discutée pendant dix ans, je dus fixer un terme à des débats qui ne servaient qu'à enflammer les passions, et j'exigeai qu'une réponse catégorique et décisive, me fut rendue avant le 22 du même mois de septembre.

« Latresne, ce 10 Septembre 1865.

» Monsieur le Maire,

» J'ai promis, dans un écrit publié en forme de lettre, à vous adressée, le 20 mai dernier, de soumettre au nouveau Conseil municipal les propositions qui y sont développées. Elles sont parfaitement connues et ne comportent aucune explication nouvelle. Je viens remplir cette promesse et dégager ainsi ma parole.

» Je vous prie donc, Monsieur le Maire, de vouloir bien les mettre en délibération et de me faire connaître le vote *avant* le 22 courant.

» Si l'ensemble de mes propositions, qui, en se coordonnant, doivent former un tout complet, n'est pas adopté, la chapelle devra se trouver libre dans un mois, c'est-à-dire le 10 octobre prochain, plus tôt si faire se peut.

» N'entendant pas qu'un bienfait tout gratuit devienne une occasion de discorde, ou puisse être imposé sous quelque forme que ce soit, je ne désire l'appui d'aucune influence étrangère; c'est vous demander, Monsieur le Maire, de vouloir bien soumettre simplement mes propositions au Conseil municipal. Je fais appel à un simple vote et rien de plus.

» Quelle que soit la résolution qui interviendra, je ne laisserai pas de conserver un bon souvenir des rapports que cette affaire m'aura donné lieu d'avoir avec vous.

» P.-S. Je joins ici un nouvel exemplaire de l'écrit que j'ai eu l'honneur de vous adresser, afin qu'il soit déposé, ainsi que cette lettre, aux archives de la commune et que chacun ait ainsi toute facilité d'en prendre connaissance. »

On sait à quoi ont abouti ces avances. Le Conseil municipal les a accueillies par un ajournement au 24 septembre, c'est-à-dire au surlendemain de la date que je lui avais désignée, et ce, pour entendre un rapport d'une commission qu'il nomma pour ce seul objet. M. le maire eut beau représenter qu'il y avait là, de la part du Conseil, une sorte de fin de non-recevoir ; il ne fut pas compris.

Il était impossible de ne pas voir un refus indirect, mais très ostensible et même accompagné d'une certaine ironie dans le procédé dont on usait à mon égard. Je dus me résigner, et chercher à me décharger au plus tôt des ennuis incroyables que cette œuvre m'avait suscités. M. le maire fut informé de ma résolution dans la même journée du 22 septembre.

« Latresne, ce 22 Septembre 1865.

» MONSIEUR LE MAIRE,

» J'ai eu l'honneur de vous écrire, le 10 courant, pour vous prier de vouloir bien soumettre à la délibération du Conseil municipal mes propositions relatives à Notre-Dame du Rocher, et de me faire connaître son vote *avant* le 22 courant.

» Le 22 est arrivé, et je n'ai reçu officiellement aucun avis. Ma parole se trouve dès-lors dégagée.

» Or, Monsieur le Maire, cette date du 22 n'était pas une échéance hasardée, mais bien une échéance suprême ; car, à partir de ce jour, d'autres engagements naissaient pour moi : mes propositions n'ayant pas été acceptées avant le 22, j'ai cessé depuis ce jour, 22 septembre, d'être propriétaire de l'établissement et de l'église de Notre-Dame du Rocher. Ils sont passés, depuis cette date, en des mains qui se montreront, croyez-le bien, dignes de les posséder.

» En construisant ce monument, produit d'un si rude labeur, et qui ne doit son origine qu'au travail, je n'avais eu qu'une pensée, celle d'être directement utile à la commune de Latresne ; mais, au lieu de réunir autour de lui tous les intérêts bien entendus, toutes les affections, tous les sentiments, je semble avoir jeté dans la commune une pomme de discorde. On n'a tenu nul compte des sacrifices, et on est allé même jusqu'à méconnaître les intentions. Une semblable situation ne pouvait me convenir plus longtemps. — Onze ans de patience sont une suffisante épreuve. — J'ai donc dû consentir à retirer le monument du débat, si une acceptation franche et nette n'avait pas lieu dans le délai rigoureux pour tous.

» Puissé-je, par les arrangements pris, par une destination nouvelle, faire encore le bien !

» En vous prévenant dès aujourd'hui, Monsieur le Maire, de cette dernière solution, je crois vous donner un nouveau et personnel témoignage de sympathie et d'estime. C'est dans ces sentiments, dont j'espère avoir à vous donner plus d'une fois la preuve, que je vous prie d'agréer l'expression de ma considération très distinguée. »

Toutes les voies m'ayant été ainsi fermées, je n'avais plus de motifs pour retenir entre mes mains l'établissement de Notre-Dame-du-Rocher. Mais, s'il ne m'était plus permis d'y disposer une école pour l'enfance, et un asile pour l'infirmité et la vieillesse, je pouvais encore, tout en lui conservant le caractère d'œuvre pie, lui donner une destination qui serait profitable à la commune. Or, je crois être parvenu à atteindre ce double but, en concédant Notre-Dame-du-Rocher à une communauté religieuse.

En effet, l'église demeurera ouverte aux paroissiens. Les autres parties du monument seront converties en un sanctuaire, où vont fleurir la science et la piété, et il s'en exhalera comme un parfum des plus douces vertus. Car, c'est un fait avéré, que les membres de cette communauté ont constamment répandu l'abondance et la paix dans toutes les contrées qu'ils ont habitées. Une commune qui est dans notre voisinage, celle de La Sauve, a pu les connaître de près, et sa population garde un souvenir impérissable de tous les bienfaits spirituels et temporels qu'elle en a reçus. Ce m'est une consolation, et un vrai dédommagement de mes épreuves que de penser que ce bien se reproduira, pour un temps sans limite, dans la commune de La Tresne.

C<sup>TE</sup> DE BONNEVAL.

Au château de La Tresne, le 25 novembre 1865.

www.ingramcontent.com/pod-product-compliance
Lightning Source LLC
Chambersburg PA
CBHW060446050426
42451CB00014B/3224